VENTE DES 19, 20 ET 21 MAI 1874

HOTEL DROUOT, SALLE N° 1

Après décès de Mme VAN MINDEN, veuve du Hollandais VAN MINDEN

ANCIEN MARCHAND DE CURIOSITÉS

BEAU MOBILIER

DIAMANTS, BIJOUX, ARGENTERIE

Porcelaines de Saxe, de Chine et du Japon

BRONZES D'ART ET D'AMEUBLEMENT

TABLEAUX, CURIOSITÉS DIVERSES

EXPOSITION PUBLIQUE

Le Lundi 18 Mai 1874, de une heure à cinq heures.

Me Paul NAVOIT	MM. DHIOS et GEORGE
COMMISre-PRISEUR	EXPERTS
Rue Ventadour, n° 5.	Rue Le Peletier, n° 33

PARIS — 1874

EXEMPLAIRE DE DHIOS

V^es^ RENOU, MAULDE ET COCK
IMPRIMEURS DE LA COMPAGNIE DES COMMISSAIRES-PRISEURS
Rue de Rivoli, 144

M 76 — guéridon rond marqueté 180 —
— les parties femmes 99 —
— les lithographies faiture 123 —
— coquetilles —— 63 —

Copie du bordereau

8 [illegible] 8 —

1 [illegible] plateau & [illegible] 10 —

1 [illegible]

1 [illegible] Cuivres 110

2 [illegible] verre de [illegible] 29

[illegible]

marbre

[illegible] style Louis XVI — 155

1 Eventail portant [illegible]

[illegible] —— 40

155 775 62.75 450 22 50 472 50

CATALOGUE

D'UN

BEAU MOBILIER

Meubles en bois doré, palissandre, bois rose, citronnier, acajou
Piano et Meubles en marqueterie de cuivre
Meubles d'appui et Table ornés de pierres dures, très-belles Glaces

BRONZES D'ART ET D'AMEUBLEMENT

Grandes Garnitures de cheminée, Pendules, Candélabres, Appliques, Chenets

DIAMANTS

Bijoux, nombreuse Argenterie ancienne et moderne

ANCIENNES PORCELAINES DE SAXE

GROUPES ET FIGURINES

PORCELAINES DE CHINE ET DU JAPON

Grosses Potiches, Garniture de 5 pièces, Vases montés, etc.

TABLEAUX, OBJETS D'ART, CURIOSITÉS DIVERSES

DONT LA VENTE AURA LIEU

Après décès de Mme VAN MINDEN, veuve du Hollandais VAN MINDEN

ANCIEN MARCHAND DE CURIOSITÉS

HOTEL DROUOT, SALLE N° 1

Les Mardi 19, Mercredi 20 et Jeudi 21 Mai 1874

A UNE HEURE ET DEMIE

Par le ministère de Me **NAVOIT**, Commissaire-Priseur,
à Paris, rue Ventadour, 5,
Assisté de **MM. DHIOS** et **GEORGE**, Experts, rue Le Peletier, 33.

EXPOSITION PUBLIQUE

Le Lundi 18 Mai 1874, de une heure à cinq heures.

PARIS — 1874

CONDITIONS DE LA VENTE

Elle sera faite au comptant.

Les Acquéreurs paieront, en sus des adjudications, CINQ CENTIMES PAR FRANC, applicables aux frais.

ORDRE DES VACATIONS

Le Mardi 19 Mai

L'Argenterie, les Bijoux et les Bronzes.

Le Mercredi 20 Mai

Les Porcelaines, Faïences, les Tableaux et les Objets d'art.

Le Jeudi 21 Mai

La Garde-Robe, les Dentelles et les Meubles.

DÉSIGNATION

DIAMANTS, BIJOUX

—Un petit Médaillon en or, orné d'un gros brillant, avec entourage, deux feuilles de vigne et anneau, garnis de petits brillants.

—Une paire de Boutons d'oreilles, formés chacun d'un brillant.

—Deux Pendeloques, montées d'un gros brillant, forme poire, avec petit brillant intermédiaire et trois etincelles au-dessous de la poire.

—Une Plaque en or, enrichie d'une quantité de petits brillants formant trois bouquets.

—Une Broche en or, ornée d'un gros brillant et de quatre feuilles et gerbes, garnies de brillants et d'étincelles.

—Bague en or, montée d'un brillant entouré de huit petits brillants.

—Bracelet en or, émaillé bleu, orné de quatre perles et de deux feuilles de vigne, parsemées de petits brillants.

Bague chevalière en or, montée d'un brillant.

Un Cœur en or émaillé noir, orné de neuf brillants et surmonté d'un brillant entouré d'une guirlande de semis de petits brillants, avec anneau au-dessus en or et six petites étincelles.

Petite Broche en or, ornée de quatre brillants, avec quatre feuilles.

Broche en or, avec émail bleu, ornée d'une perle entourée de douze petites opales, avec semis de petits brillants.

Deux Épingles jumelles à chaînette, ornée chacune d'une rose.

Très-petite Montre Louis XV en or, aiguilles ornées de roses.

Autre petite Montre en or, ornée d'étoiles en émail bleu et noir.

Broche-Médaillon en onyx, avec cercle en or et chiffre (M. V.), formé d'étincelles.

Paire de Boutons de manchettes et trois Boutons de chemises en onyx, avec cercles en or repercé à jour, ornés chacun d'une petite fleur, parsemée d'étincelles.

Bracelet en or : Feuilles de vigne.

Petite Broche en or : Colombe étendant ses ailes, formées de trois turquoises et d'un semis de roses.

Une Montre en or à cylindre, avec boîtier émaillé de fleurs sur fond noir.

Une Tabatière Louis XVI en or ciselé, ornementation à guirlandes de fruits.

Petit Flacon en or gravé, orné de deux anciens émaux à figures mythologiques.

Petit Nécessaire de toilette en écaille, garniture argent.

Petit Flacon en cristal, monture en vermeil gravé, bouchon intérieur, formé d'une figurine d'amour.

Quantité de Bijoux, tels que : chaîne de cou, chaîne de gilet, chaînettes en or, dé en or, avec chiffre en turquoise, petite broche opale et roses, bracelets et colliers en perle, grenat, corail, tabatières, petites boîtes et coffrets en argent, boucles, porte-monnaie, deux boutons de manchettes en or, à anneaux mobiles, garnis d'étincelles; bagues et alliances, clefs de montre, boucles d'oreilles, petits flacons, menus bijoux et débris.

Un lot de Monnaies en argent.

ARGENTERIE

Argenterie ancienne : flambeaux en argent repoussé, à deux branches ; autre paire de flambeaux, bouts de table et salières Louis XV et Louis XVI, vidrecome, etc.

Pièces d'étagère : quantité de petits objets en argent, canapé, chaises, pendules, guéridons, chauffe-rettes, souricières, moulin à café, huillier et burettes, tabourets, bouillotes, théière et sa lampe, pelles, petits tabourets, corbeilles, bols, verres, balais, épées, cage, lanternes, petites boîtes, etc.

Argenterie moderne : service à thé, composé d'une théière, une cafetière, un sucrier et un pot au lait d'orfévrerie anglaise; couverts aux initiales C. V. M.; louches, cuillères à ragoût, à entremets et à café en argent et vermeil; huiliers, moutardier, plats, soupières, corbeilles, cafetières, tasses, ronds de carafes, couteaux de table et de dessert, etc.

DENTELLES, FOURRURES

Dentelles, blondes, guipures.

Belle et nombreuse garde-robe, robes, manteaux, soie et velours, garnis de dentelles; cachemires, crêpes de Chine.

Manchons, palatine, zibeline, martre et hermine, etc.

TABLEAUX

Watteau de Lille. Deux charmantes compositions : les petits Savoyards et les petits Musiciens, peintures sur panneaux. Signé : *L. Watteau, 1783.*

Roos (Joseph). Deux Tableaux en pendants : Animaux au pâturâge. Signé : *Giuseppe Rosa*, 1767.

Gaule (Signé). Foire de village.

Plusieurs Tableaux anciens des Écoles française, flamande et hollandaise.

Pastels.

Quelques Lithographies.

OBJETS D'ART, CURIOSITÉS DIVERSES

Démocrite et Héraclite : deux bustes en bronze.

Les Chevaux de Marly, petit modèle, socles en bronze doré.

Plusieurs Bustes en bronze.

Suite de huit Miniatures sur vélin : vues de Venise, cadres en bronze doré.

Miniatures et petites Peintures sur cuivre.

Petit bas-relief en argent repoussé : la Nativité, dans un cadre en cuivre.

Le Nouveau Testament, édition allemande, avec reliure et fermoirs en argent, découpé et doré.

Éventails du temps de Louis XV, avec jolies montures de nacre et application.

Petits Ivoires sculptés.

Petits Tableaux en mosaïque de Rome et de Florence.

Très-grand Plat en faïence, genre de B. Palissy.

Verreries de Venise et de Bohême : grands verres à pied, buires, coupes, etc.

Coffrets, Boites.

Objets d'étagère.

ANCIENNES PORCELAINES DE SAXE

Groupes et Figurines en ancienne porcelaine de Saxe, de Frankenthal, etc.

Environ cent Pièces. Groupes de diverses dimensions : le *Concert*, les *Bergers*, les *Fiançailles*, les *Cinq Sens, Villageoise et trois Enfants* (*vieux Frankenthal*), *Scène de comédie*, *Chasseur et trois Chiens*, etc.

Statuettes et Figurines : *Musiciens*, *Danseurs*, *Allégories des saisons*, *Amours*, *Marchands*, *Colporteurs*, *Animaux*, etc.

Objets variés et Pièces d'étagère : brûle-parfums, vases à couvercles, consoles d'applique, flambeaux, petite fontaine, etc.

Brûle-Parfums et Flambeaux en vieux Saxe, avec monture en bronze doré et fleurs en porcelaine.

Cabaret en vieux Saxe, joli décor de médaillons à paysages et figures; Chocolatières, Théière, Bols, Plateaux, Boîte à thé, Sucriers, Tasses et Soucoupes.

Porcelaines de Sèvres : tasse et soucoupe en vieux Sèvres, pâte tendre, décor à médaillons, corbeilles de fleurs et quadrilles d'or; deux petites tasses droites à pans. décor à guirlandes de roses alternées de bandes vertes quadrillées d'or, etc.

Biscuits de Sèvres et d'Allemagne.

Aiguière et Bassin en porcelaine tendre, décorés d'oiseaux et fleurs, fond bleu à rehauts d'or.

PORCELAINES DE LA CHINE ET DU JAPON

PIÈCES MONTÉES EN BRONZE

Deux grosses Potiches à couvercles, décorées d'animaux chimériques, fleurs et feuillages, bleu, rouge et or, en vieux Japon.

Grande Garniture de cinq pièces à côtes : trois grosses potiches à couvercles et deux cornets en vieux Japon; décor bleu.

Deux grands Vases à couvercles (seaux) en vieux Japon, bleu, rouge et or; monture en bronze doré; anses formées de chimères.

Très-grande Coupe en vieux Chine, décor à personnages; monture en bronze doré, piédouche à volutes et guirlandes, anses à dragons.

Autre, plus petite; anses formées de figurines d'enfants en bronze doré.

Paire de Lampes en vieux Chine.

Deux Jardinières en vieux Chine, décorées de cerfs dans des paysages.

Aiguières, forme casque, en vieux Japon.

Cornets et Théières en vieux Chine; petites Tasses, forme feuilles, à branchages en relief; Bouteilles en céladon, etc.

BRONZES D'AMEUBLEMENT

Grande Pendule en bronze doré : taureau supportant le cadran, surmonté d'un groupe : nymphe et Amour.

Deux Candélabres : petits faunes.

Grande Pendule en bronze doré, beau modèle rocaille, cadran entouré de trois figurines d'amours et de feuillages, socle rocaille à quadrilles en cuivre découpé.

Deux Candélabres, style Louis XVI : enfants supportant des bouquets, à six lumières. Modèle Clodion.

Paire de Candélabres à trois lumières supportées par des statuettes en bronze et dorure.

Paire de Flambeaux en bronze et dorure.

Pendule, style Louis XIV, en marqueterie de cuivre, écaille et nacre; socle support.

Autre, plus petite, style Louis XV.

Paire d'Appliques, à cinq branches, en bronze doré, style Louis XV.

Deux Flambeaux en cuivre, style Renaissance.

Deux Candélabres, à trois lumières, en bronze finement ciselé et doré et marbre blanc. Modèle Louis XVI, à trépied.

Petite Pendule du temps de Louis XVI en bronze doré, à sujet : satyre et nymphe; socle en marbre blanc et bronze doré.

Pendule en bronze; le cadran, surmonté de trophées d'armes, est supporté par le portique d'une prison, devant laquelle est représenté, avec des statuettes en bronze, l'épisode d'une arrestation. Socle à musique.

Lustre en bronze, à dix-huit lumières.

Suspension de salle à manger, avec lampe, et formant lustre à 14 lumières.

Beaux Chenets à figures d'enfants : *Bacchus.* Modèle rocaille.

Plusieurs paires d'Appliques.

Chenets, Galeries de foyer, Flambeaux, etc.

MOBILIER

Deux jolis Meubles à hauteur d'appui en bois noir, à filets de cuivre, décoré, sur les portes, de fruitages en relief en pierres de couleurs et garnis d'ornements, moulures et cariatides en bronze doré; dessus en marbre vert.

Grande Bibliothèque, avec deux portes à glaces, panneaux et montants en ancienne marqueterie de cuivre sur écaille; ornements d'applique en bronze.

Jolie Table en bois noir, le dessus formé d'une mosaïque en pierre de couleurs, oiseaux et branchages; moulures et ornements en bronze doré.

Piano droit en bois noir et marqueterie de cuivre de Roller et Blanchet.

Console Louis XIV en bois sculpté et doré, dessus en marbre brèche d'Alep.

Bureau plat Louis XV, garni de cuivres.

Deux petites Tables à jeu, de style Louis XV, en palissandre et bois de rose garnies de cuivre.

Un Bureau *bonheur-du-jour* en bois de rose et palissandre, garni de cuivre et orné de plaques en porcelaine décorée; la partie inférieure renferme un coffre-fort.

Glace Louis XIV, à fronton, encadrement sculpté et doré, avec verres noirs, à rehauts d'or, dans le goût chinois.

Très-grande Glace, avec encadrement en bois sculpté et doré, d'une riche ornementation.

Une autre.

Deux Meubles-Vitrines en acajou, avec incrustations de citronnier, glaces au fond.

Jardinière en marqueterie (genre Boule).

Bel Écran en bois sculpté et doré, feuille en tapisserie moderne au petit point.

Deux Escabeaux d'antichambre en chêne sculpté.

Petit Bureau de dame en palissandre, bois rose et marqueterie : Oiseaux et Feuillages, forme Louis XV.

Meuble de salon en bois doré, couvert en damas de soie rouge, composé de : un canapé, avec trois coussins, deux causeuses, six fauteuils et six chaises.

Meuble de salon en bois doré, couvert en damas de soie bleue, un canapé, deux fauteuils et deux chaises.

Ameublement de chambre à coucher en citronnier, un lit une commode, une armoire à glace, une table de nuit, une petite table à ouvrage, trois chaises et trois fauteuils.

Meubles courants, en acajou, palissandre, bois de rose.

Rideaux, tentures, tapis.

Porcelaines, verrerie, plaqué.

Linge.

Literie.

Batterie de cuisine.

Ves Renou, Maulde et Cock, imprs de la Compagnie des Commissaires-Priseurs, rue de Rivoli 144. 42893

www.ingramcontent.com/pod-product-compliance
Lightning Source LLC
LaVergne TN
LVHW010313230826
846091LV00007B/3142

* 9 7 8 2 3 2 9 5 2 7 2 5 3 *